RAPPORT

SUR L'ÉTABLISSEMENT

DU CASTEL D'ANDORTE,

ADRESSE

À Monsieur le Préfet de la Gironde,

PAR

LE DOCTEUR DESMAISONS, DIRECTEUR MÉDECIN DE L'ÉTABLISSEMENT.

Août 1846

BORDEAUX,

Imprimerie de Madame V. LAPLACE née BEAUME, rue du parlement, 19, et Allées de Tourny, 11.

Castel d'Andorte, 28 Août 1846.

Monsieur le Préfet,

J'ai l'honneur de vous adresser , en réponse à la lettre que vous m'avez fait l'honneur de m'écrire le 18 du courant , un rapport détaillé sur la situation de l'établissement que je dirige.

Jusqu'à présent l'administration s'est bornée à demander aux directeurs des établissements privés deux sortes de documents. Les premiers exigés par la loi du 30 Juin 1838, et par l'ordonnance royale du 18 Décembre 1839, dans le double but de garantir la liberté individuelle, et de veiller au bien-être des malades, après leur séquestration. Les seconds destinés à la statistique générale des asiles d'aliénés, que publie le ministère du Commerce.

1

1847

En m'invitant à vous communiquer le compte rendu annuel de l'établissement que j'ai créé, pour en soumettre le résumé au Conseil général de la Gironde, vous avez, Monsieur le Préfet, pris l'initiative d'une mesure qu'il serait désirable de voir étendre à tous les départements qui possèdent des établissements privés. Lorsque les médecins placés à la tête du service des aliénés auront arrêté un plan uniforme pour les recherches statistiques, on appréciera mieux l'importance de semblables communications. L'ensemble des faits qu'elles présenteraient a plus de valeur qu'on ne pense. Ce qui leur manque, c'est la publicité, publicité faite dans un même esprit, sur des données identiques. Jusqu'à ce que ce lien existe, les rapports annuels n'auront qu'un intérêt relatif. En rassemblant les matériaux de celui que j'ai l'honneur de vous soumettre, je n'ai pas cherché à donner aux faits une portée qu'ils ne peuvent avoir. Mon but sera atteint s'il résulte de ce bref exposé que j'ai réussi à combler une lacune dans le service, par une création en harmonie avec les besoins de la localité et les exigences si variées des familles.

Topographie.

Situé à 4 kilomètres du centre de Bordeaux, sur le plateau le plus élevé de la commune du Bouscat, renommée de tout temps pour sa salubrité, l'établissement du Castel d'Andorte, d'un périmètre d'environ 5 hectares, offre toutes les conditions que réclament l'hygiène, et le traitement des malades qu'il est destiné à recevoir.

Un air pur, des eaux de bonne qualité et abondantes ; l'éloignement de tout voisinage incommode ; de bâtiments vastes qui permettent d'isoler les diverses formes de l'aliénation mentale, le placent, j'ose le dire, au nombre des établissements spéciaux les mieux disposés.

Les constructions dues à un célèbre architecte (Louis) offrent dans leur ensemble une grandeur et une élégance qui ne sont pas sans importance, lorsque ces établissements sont destinés aux classes riches de la société. Les dispositions matérielles ont mérité les suffrages d'une commission nommée par la Société Royale de Médecine de Bordeaux.

« Votre commission, dit le Rapporteur, s'est transportée, ainsi « que vous le désiriez, dans cet établissement : elle l'a examiné dans « tous ses détails, avec la plus scrupuleuse attention, et c'est après « en avoir mûrement délibéré qu'elle m'a chargé de vous dire que « le domaine sur lequel il est situé lui paraît éminemment propre à « en assurer le succès......... Il est certain qu'une création de ce « genre nous manquait, et que nous ne pouvons que nous féliciter de « n'en être plus réduits à envoyer tous les aliénés indistinctement dans « ces asiles qui, à cause de leur caractère public et de l'encombrement « auquel ils sont exposés, n'offrent ni les mêmes garanties de salubrité, « ni les mêmes chances de guérison. »

Depuis l'époque où ce rapport a été publié, des améliorations considérables ont été opérées. Vous avez pu vous même, Monsieur le Préfet, en visitant l'établissement, vous convaincre des sacrifices que je me suis imposé pour le rendre digne de sa nouvelle destination.

Nombre des malades admissibles.

Ainsi que le constate votre Rapport de l'année dernière au Conseil général de la Gironde (page 229), l'établissement créé en vertu d'une décision ministérielle du 18 Juillet 1845, pouvait admettre dans le principe seulement huit aliénés du sexe masculin. Une seconde autorisation de M. le Ministre de l'intérieur, du 6 Mai 1846, a permis de porter à quatorze le nombre des aliénés admissibles dans l'établissement agrandi dans cet intervalle et pour ce but.

Comme j'ai déjà eu l'honneur de vous le dire en réponse à votre lettre du 13 Mai, Monsieur le Préfet, j'attends avec confiance la décision de M. le Ministre sur la division que j'ai préparé pour les femmes. J'ai trouvé dans la sage lenteur de S. Exc. un moyen de mûrir et de perfectionner les dispositions spéciales et les articles du réglement que nécessite dans un établissement d'aliénés la présence de malades des deux sexes. Contrôlé par M. l'inspecteur général, ce projet satisfera, j'ose l'espérer, à toutes les conditions que la prudence, le bon ordre, et le bien-être des malades réclament.

Une fois terminé, l'établissement contiendra environ trente malades. Ce chiffre est peu élevé si on le compare à celui de la population des établissements publics, et de quelques établissements privés; mais il suffirait, je crois, aux besoins de la localité pour les familles riches et à la prospérité de l'asile. Peut-être ne devrait-on jamais le dépasser dans les établissements destinés aux aliénés des classes aisées de la société.

Service médical.

Le personnel médical se compose :

1.º D'un Directeur médecin, nommé par M. le Ministre de l'intérieur. Ces fonctions m'ont été conférées par décision du 18 Juillet 1845;

2.º D'un médecin chargé de la gestion de l'établissement pendant l'absence du Directeur médecin. Sur ma proposition vous avez agréé le 20 Juillet 1846, M. le docteur Lahens ; vous avez aussi chargé M. le docteur Mabit d'être votre délégué pour l'inspection de l'établissement.

Outre les soins continuels du médecin qui réside dans l'établissement, les malades reçoivent quand leur état l'exige, la visite d'un chirurgien désigné soit par les familles, soit par le Directeur.

Des surveillants choisis avec soin exécutent mes prescriptions. Quelques-uns des malades ont un domestique particulier.

Service religieux.

M. le Curé du Bouscat, aumônier de l'établissement, s'est toujours empressé, sur mon invitation, de porter aux malades que je lui désignais, les secours et les consolations de son ministère. Une chapelle est à sa disposition.

Admissions.

L'établissement du Castel d'Andorte a été ouvert aux malades le 28 Juillet 1845. Dans le cours de la première année il est entré dix-huit aliénés; ce qui donne une proportion moyenne d'une admission par vingt jours.

Tous les placements ont été volontaires. Ils ont eu lieu sur une demande des parents, accompagnée d'un certificat délivré par un docteur en médecine, et constatant l'aliénation mentale du malade à placer, état contrôlé par le médecin inspecteur.

Les maladies mentales étant, il paraît, dans nos contrées plus fréquentes parmi les femmes, il est naturel de calculer que le nombre des admissions eût doublé, si l'établissement avait été disposé dès l'origine pour recevoir ces malades.

En tenant compte des résultats obtenus jusqu'à présent (18 admissions), et en faisant la part des difficultés d'une première année, qui ne reconnaîtra que sous le rapport numérique nous avons les éléments d'un succès assuré. Tout indique d'ailleurs que le nombre des pensionnaires de l'établissement s'accroîtra ; non que l'aliénation mentale devienne plus fréquente de nos jours, comme on le pense généralement, mais la confiance dans les bons effets de l'isolement, l'espoir d'une guérison prochaine, la facilité plus grande du placement, contribuent à faire affluer les aliénés dans les asiles spéciaux.

Ces ressources nouvelles dispensent les familles de voyages toujours dispendieux, souvent nuisibles aux malades, et leur permettent de prêter au médecin un concours précieux pour le rétablissement de ces infortunés.

Pour avoir une idée de l'influence que les améliorations du service des aliénés exerce sur le nombre des entrées, il suffit de rappeler qu'en 1835, le chiffre des admissions en France s'élevait à 4,000 environ. En 1841, après la mise en vigueur de la nouvelle loi, les admissions atteignaient 6,000.

Cette progression qui serait véritablement effrayante, si l'on n'en connaissait pas les motifs, n'est point particulière à notre patrie. Elle existe plus ou moins dans toutes les contrées de l'Europe où les aliénés sont l'objet d'une sollicitude qu'ils méritent à tant de titres, et qui leur a été si longtemps refusée. J'ai pù constater l'augmentation rapide du chiffre des aliénés isolés dans des établissements en Hollande, en Suisse, dans les divers états de l'Allemagne et de l'Italie. Elle m'a toujours paru en rapport direct avec ces réformes.

Causes prédisposantes. — Professions des aliénés admis.

Plus d'un tiers des malades admis au Castel d'Andorte est sans professions. Dans ce nombre je compte d'anciens militaires où marins, des propriétaires, des rentiers. Le reste appartient à l'administration et aux professions dites libérales. Le commerce a fourni à lui seul quatre aliénés. Les arts mécaniques deux. S'il existe, comme on doit le penser, des professions plus exposées que d'autres aux atteintes de la folie, ce n'est point avec des éléments statistiques aussi restreints qu'on peut éclairer ces questions. La seule observation à relever c'est que presque tous les malades admis appartiennent à la classe aisée. Plus l'existence intellectuelle a été développée, et plus l'aliénation mentale est en général intéressante pour l'observateur. Malheureusement à mesure que le monde des idées a été plus étendu, la fatigue cérébrale est plus à craindre, et c'est un fait confirmé chaque jour par l'expérience qu'il n'est pas d'aliénés plus difficiles à guérir que ceux qui ont vécu au milieu des jouissances, des émotions et des illusions de la vie.

Culte.

Catholiques..............	13.
Protestants..............	4.
Israëlite...............	1.
	18.

Ces proportions représentent assez bien, peut-être par le seul fait du hasard, celles des membres des différents cultes dans notre pays. Le délire religieux ne s'est manifesté que chez deux protestants étrangers.

Patrie.

Malades nés et domiciliés dans le département de la Gironde.	6.
Etrangers au département, mais y ayant leur domicile......	7.
Etrangers et domiciliés hors du département.................	5.
	18.

La population du département de la Gironde n'a pas été seule, comme on le voit, à envoyer des malades au Castel d'Andorte. Tout insuffisants que soient ces renseignements, ils démontrent d'une manière péremptoire que Bordeaux, par sa position géographique et ses relations avec l'étranger, non moins que par son importance réclamait un établissement spécialement destiné aux classes riches. Le temps, en modifiant les conditions générales, aura sans doute pour résultat de changer les rapports qui précèdent. Ainsi, le nombre des malades étrangers qui n'atteint pas encore celui fourni par la population bordelaise, devra le dépasser lorsque l'établissement sera plus connu au dehors. Les départements voisins, ceux d'une partie de l'ouest, du centre et du midi de la France, quelques-unes de nos colonies, et même l'Espagne dépourvus des moyens convenables pour traiter les aliénés, ont, en effet, intérêt à profiter des avantages que leur offre notre ville.

Age. — État civil. — Hérédité. — Saisons.

L'influence de l'âge sur la production de la folie n'est pas encore rigoureusement déterminée.

Voici un tableau de l'âge des dix-huit malades.

De 18 à 25 ans..............	1
De 25 à 30...................	2
De 30 à 40...................	6
De 40 à 50...................	1
De 50 à 60...................	5
De 60 à 71...................	3
	18

La moitié des malades se trouve comprise entre l'âge de 18 à 40 ans ; l'autre moitié de 40 à 72 ans. Il semblerait, toutefois, d'après ces relevés que l'âge de 30 à 40 ans, prédispose à l'aliénation mentale, et que cette maladie est aussi très-fréquente après 50 ans. La période entre 40 et 50 ans, offre une diminution remarquable. Pour l'expliquer on pourrait dire qu'à cet âge, les passions de la jeunesse s'éteignent, et que la vieillesse n'a pas encore commencé.

Sous le rapport des conditions de la vie sociale, nous avons parité exacte.

Mariés.............. 6

Veufs 6

Célibataires 6
_____
18

La transmission héréditaire de l'aliénation mentale est le fait qui domine dans l'étiologie de cette affection ; mais il n'est pas toujours possible ni convenable, dans les établissements privés, d'insister sur les renseignements nécessaires pour la solution de la question. Sur dix-huit cas, il n'y en a que dix sur lesquels j'oserais prononcer.

Quant à l'influence des saisons sur la fréquence des admissions, elle n'a pas été très-sensible. Il est entré :

En Hiver.   Décembre, Janvier, Février...... 5 malades.

Printemps. Mars, Avril, Mai................. 3

Eté.   Juin, Juillet, Août............... 5

Automne.   Septembre, Octobre, Novembre. 5
_____
18

Le Printemps est resté au dessous des autres saisons.

L'été de cette année, qui a produit des affections cérébrales si graves, n'a pas (au moins jusqu'au 28 Juillet) exercé d'action marquée sur la fréquence de l'aliénation mentale dans les classes aisées. Un seul cas doit être attribué à l'influence climatérique.

Causes occasionnelles.

Plus on étudie l'aliénation mentale, et plus on demeure convaincu de la difficulté, si ce n'est de l'impossibilité d'assigner toujours le fait qui lui a donné naissance. Et quand on parvient à découvrir dans l'ordre physique ou moral une circonstance qui peut être envisagée comme son point de départ, reste encore à déterminer l'influence qui lui appartient dans la production de la folie. La cause que nous nommons occasionnelle n'est bien souvent que la goutte d'eau qui fait déborder le vase déjà plein. De là vient que dans la plupart des statistiques, le chiffre des causes inconnues est si élevé.

Causes inconnues...........	9
Causes morales	6
Causes physiques...........	3
	18

Parmi les causes déterminantes, le chiffre des causes *morales* est supérieur à celui des causes *physiques*. La proportion de ces dernières varie considérablement, suivant que l'on y range l'hérédité, ou que l'on ne comprend sous ce titre que les agents externes et les lésions organiques.

Formes de l'aliénation mentale.

Manie.................	8
Lypémanie.............	6
Démence avec paralysie générale des aliénés......	3
Epilepsie avec délire.................	1
	18

Sous le titre de *manie*, j'ai classé les divers cas de délire général avec agitation, qu'ils soient ou non accompagnés de fureur, compliqués ou exempts d'hallucinations, d'illusions sensoriales, et que leur forme soit continue, intermittente, aiguë ou chronique.

La *lypémanie* renferme les cas de délire partiel avec prédominance d'idées tristes ; quelques-uns de ces malades ont présenté le délire religieux, la nostalgie, l'hypocondrie, le penchant au suicide, presque tous la répugnance pour les aliments : sur les six *monomanes*, pas un qui ne fût en proie à une passion triste. Le délire d'ambition et de richesses, ce contentement de soi qui accompagne la plupart des cas de paralysie générale au début, est un état si voisin de la démence, et se confond si souvent avec l'affaiblissement des affections de l'intelligence et de la volonté, que, loin de le considérer comme une monomanie gaie, je comprends ces symptômes dans la *démence*, même avant que celle-ci soit très-avancée.

Un seul épileptique a été admis, et la nature de son délire, par moments furieux, comme il arrive si souvent dans cette terrible maladie, a nécessité qu'il fût maintenu d'office dans l'établissement.

La santé des aliénés s'altère soit par le fait des lésions organiques, soit par l'intensité et la durée des souffrances, ou bien par des maladies accidentelles. S'il importe de bien étudier la forme d'aliénation mentale avant de porter un pronostic sur sa marche et sa terminaison probables, il n'est pas moins utile de préciser le degré auquel le mal est parvenu.

Sur dix-huit malades admis : cinq cas de maladies mentales récentes et offrant des chances de guérison ;

Deux cas de maladies récentes incurables (paralysie générale) ;

Sept cas de maladies mentales anciennes ; mais sans danger immédiat pour l'existence de l'individu ;

Quatre malades ont été conduits à l'établissement dans un état désespéré ; trois d'entr'eux n'ont pas tardé à succomber : ce n'est qu'après avoir épuisé les ressources de la pharmacie, la patience des familles, et par malheur aussi la santé des aliénés qu'on se décide enfin à recourir à l'isolement, qui aurait dû précéder tout traitement.

Mouvement de la population de l'asile

Le mouvement de la population a été assez considérable. On en jugera par le tableau ci-dessous.

ENTRÉS.	SORTIS.		MORTS.	RESTANTS EN TRAITEMENT LE 28 JUILLET 1846.
	GUÉRIS.	NON GUÉRIS.		
18.	6.	3.	3.	6.
	9.			

J'ai omis à dessein, pour éviter toute cause d'erreur, de noter deux sorties qui ont eu lieu pendant un temps limité, sur la demande formelle des parents, et contrairement à mon avis. Les familles, après avoir reconnu l'inutilité et le mauvais effet de leurs soins, ont réintégré les deux malades dans l'établissement. L'un deux est sorti plus tard guéri, et l'autre est encore en traitement.

Des trois malades sortis non guéris, l'un a été, d'après mon conseil, envoyé en Italie ; le second n'offrant d'ailleurs aucun danger dans son délire a été rendu à ses parents, le dernier enfin a été transféré dans un autre établissement.

Guérisons.

La proportion des guérisons est d'un tiers du nombre total des malades admis.

Elle a varié suivant les formes de l'aliénation mentale et les conditions générales de la santé des malades à l'époque de leur entrée. Elle est de la moitié dans la manie, d'un tiers dans la lypémanie, nulle dans l'épilepsie avec délire et la démence compliquée de la paralysie spéciale aux aliénés : quatre guérisons ont eu lieu pendant le second mois, les deux autres après cinq mois de traitement.

Mortalité.

Trois malades sont morts pendant l'année. Un maniaque dans la période aiguë d'une méningite, et quelques jours après son entrée : un lypémaniaque tombé dans le marasme bien avant d'être conduit à l'établissement ; enfin un dément avec paralysie générale des aliénés qui a succombé lentement, au progrès de ce mal sans remède.

Les directeurs de plusieurs établissements privés évitent de recevoir les malades dans un état aussi avancé. Il est pénible en effet de ne pouvoir qu'assister aux dernières périodes d'une maladie devenue incurable. Ces considérations n'ont eu sur moi aucune influence lorsque j'ai reconnu la nécessité d'isoler les aliénés.

Maladies incidentes.

Pendant le cours de l'année aucune maladie incidente ne s'est manifestée sous forme endémique. L'établissement a été préservé des affections qui ont régné dans nos contrées avec le caractère épidémique. Les dérangements dont la santé physique des aliénés a souffert, ont été de peu de durée et sans gravité. Une fois des abcès considérables ont paru amender les symptômes de la paralysie générale, en tant que lésion du mouvement, mais l'affaissement intellectuel a continué.

Durée moyenne du séjour.

La durée moyenne du séjour des malades y compris ceux restant en traitement au 28 Juillet 1846, a été de 112 jours pour chacun.

Il y a eu 2,022 journées de présence.

Tels sont, Monsieur le Préfet, les résultats obtenus au Castel d'Andorte, pendant la première année.

Après en avoir pris connaissance, le Conseil général de la Gironde reconnaîtra, j'ose l'espérer, que l'établissement dont j'ai doté le département, n'est ni sans importance ni sans utilité.

J'ai l'honneur d'être, avec un profond respect,

Monsieur le Préfet,

Votre très-humble et très-obéissant serviteur,

DESMAISONS.

BORDEAUX, Imp. de Mad. V. LAPLACE, née BEAUME, rue du Parlement, 49.

www.ingramcontent.com/pod-product-compliance
Lightning Source LLC
Chambersburg PA
CBHW060719280326
41933CB00012B/2496